DISCOURS

SUR

NICOLAS POUSSIN.

DISCOURS

SUR

NICOLAS POUSSIN,

PAR M. RAOUL-ROCHETTE,

SECRÉTAIRE PERPÉTUEL DE L'ACADÉMIE ROYALE DES BEAUX-ARTS,

LU DANS LA SÉANCE PUBLIQUE ANNUELLE DES CINQ ACADÉMIES,
LE MARDI 2 MAI 1843.

*(Imprimé par ordre de l'Académie royale des Beaux-Arts, et vendu
au profit de la souscription pour le monument de* POUSSIN.*)*

PARIS,

TYPOGRAPHIE DE FIRMIN DIDOT FRÈRES,

IMPRIMEURS DE L'INSTITUT,
RUE JACOB, N° 56,

1843.

DISCOURS

SUR

NICOLAS POUSSIN.

Au moment où la France s'occupe enfin sérieuse-
ment d'élever un monument à Nicolas Poussin,
il m'a semblé que c'était une occasion naturelle
de soumettre à l'Académie quelques réflexions sur
ce grand homme. Ce n'est pas que le nom de
Poussin ait besoin de nos éloges, et qu'après plus
de deux siècles remplis de sa renommée, il soit
possible d'y ajouter par des paroles. Mais si nous
ne pouvons plus rien aujourd'hui pour sa gloire,
il y a toujours pour nous-mêmes autant de profit
que d'intérêt à le connaître dans son histoire, et
à l'étudier dans sa vie, où il est aussi grand que
dans ses ouvrages.

On a beaucoup écrit sur Poussin; et, depuis
bien longtemps, toutes les formules de l'admiration ont été épuisées pour exprimer toutes les
qualités de son talent. Ce qui distingue cet artiste
entre tous les grands peintres, le choix noble et
délicat de ses sujets, la belle ordonnance de ses
compositions, la correction de son dessin, l'élé-

vation de son style, la justesse et la profondeur de son expression, enfin, cette science du costume, cette fécondité d'inventions, cette richesse d'accessoires, et par-dessus tout, cette heureuse union de la raison et du goût, de la philosophie et de l'art; tous ces dons de la nature et de l'étude, qui composent à Poussin un caractère propre et une physionomie originale, ont été reconnus et célébrés, et, ce qui vaut mieux encore, appréciés et sentis par ces nombreuses générations d'artistes qui se sont formés sur ses ouvrages et inspirés de ses chefs-d'œuvre. Aucun artiste n'a été plus gravé; ce qui veut dire, n'a été plus et mieux loué que lui, s'il est vrai que l'estampe d'un tableau, qui le conserve pour tous les âges et qui le reproduit dans toutes les mains, soit le meilleur éloge qui s'en puisse faire. L'art a rendu de cette manière à Poussin tout ce qu'il lui devait; et le peintre du *Testament d'Eudamidas* vit encore et vivra éternellement dans tant de gravures de son œuvre, qui l'ont répandue partout, quand son tableau même s'est perdu.

Après tant d'hommages que la plume et le burin, ces deux grands organes de l'opinion publique, ont rendus au génie de Poussin, il serait donc bien superflu de venir recommencer, moins bien que tout le monde, un éloge qui est dans la pensée de tout le monde; et ce n'est pas moi qui voudrais m'exposer à louer devant des artistes, un peintre que les artistes savent par cœur. Mais il y a dans la vie de Poussin et dans l'histoire de son talent, des traits qui ont toujours besoin d'être médités, des exemples qui peuvent toujours être utiles; et c'est d'ailleurs une si belle chose que cette vie, où l'homme et l'artiste se montrent constamment si bien d'accord, dans une conviction si forte, dans une fermeté si calme et dans une dignité si modeste, que je ne connais pas de tableau, même de Poussin, qui vaille un pareil spectacle.

L'histoire de l'art, chez les anciens et chez les modernes, offre beaucoup de noms d'artistes, qui eurent à lutter contre des obstacles de toute espèce; je n'en connais pas qui ait eu à souffrir plus que Poussin des rigueurs de la fortune et de l'injustice des hommes, et qui en ait su mieux triompher par la seule force de son caractère, par la seule puissance de son talent. Né dans une petite ville de province, de parents honnêtes, mais peu aisés, qui voulaient qu'il apprît le latin, pour devenir peut-être ce qui s'appelait alors un procureur ou quelque chose de semblable, il se révèle comme artiste, en griffonnant des dessins sur tous ses livres de classe. Mais ce n'était pas assez que sa vocation, en se manifestant avec cette énergie, domptât la résistance de sa famille; il fallait encore qu'il pût trouver un maître; et celui que le sort avait placé près de lui, n'avait pu lui enseigner que ce qu'il est en tout temps le plus facile d'apprendre partout, le métier. Avec cette seule

ressource, mais aussi avec l'instinct de son talent, Poussin, à peine âgé de dix-huit ans, se décide à quitter furtivement son pays, sa famille, pour venir chercher à Paris ce qui lui manquait, l'instruction, et ce qu'on rêve toujours à dix-huit ans, la gloire. Chemin faisant, comme il était sans protection, sans argent, il peignait des trumeaux, des dessus de portes pour se procurer le gîte de chaque jour; et peut-être qu'il existe encore, dans quelque coin de la Normandie, plus d'une de ces peintures, improvisées pour le besoin du moment, par la main qui produisit les *Sept sacrements*.

Arrivé à Paris, il n'y rencontra pas les maîtres qu'il cherchait, et il fut trop heureux encore de sortir de leur école presque aussi vite qu'il y était entré; car ils n'auraient pu lui montrer que leurs défauts, et il était déjà trop avancé pour se contenter même de leurs qualités. Un jeune gentilhomme du Poitou, qui s'était intéressé à lui, en le voyant courir partout après le travail, comme d'autres courent après la fortune, l'engagea à l'accompagner dans son pays, où il lui promettait son château à peindre. Mais la mère de ce gentilhomme ne demandait à Poussin que des services domestiques, au lieu de peintures historiques; et Poussin, obligé de quitter cette maison, est réduit encore une fois à faire usage de son pinceau, pour regagner à pied et à petites journées la capitale. On suppose que c'est à cette

époque, et durant ce trajet qui fut long et pé-
nible, qu'il peignit des *Bacchanales* dans le château de Chiverny, et des tableaux de piété pour
les capucins de Blois (1), productions du jeune
âge et de l'adversité, précieuses à ce double titre,
qui n'existent plus depuis longtemps, et qui
auraient mérité d'être conservées, pour servir
d'exemples au talent qui doute encore ou qui
désespère de lui-même. On a dit aussi, mais sans
preuve suffisante, qu'il existait au château de
Clisson des paysages de Poussin, qu'il aurait exécutés à cette époque où il parcourait en tout sens
la province, en s'acheminant vers Paris. Les événements aussi bien que les travaux de cette partie
de la vie de Poussin sont d'ailleurs couverts d'une
impénétrable obscurité; et, tout ce qu'on sait
avec certitude des résultats de ce triste voyage,
c'est que, arrivé à Paris, exténué de fatigue, ac-
cablé de besoin, manquant de tout, il y tomba
grièvement malade, et ne recouvra la santé qu'a-

---

(1) Il existe chez un particulier de Blois (M. Trouilleux) un
tableau de Poussin, représentant l'*Assomption de la Vierge*,
qui vient de l'église Saint-Nicolas. La tradition locale est que ce
tableau, de la meilleure manière du peintre, et d'une conser-
vation qui laisse peu de chose à désirer, fut envoyé de Rome
aux capucins de Blois par Poussin, comme un témoignage de
sa reconnaissance pour le bon accueil qu'il avait reçu d'eux
dans sa jeunesse. Les figures qu'il avait exécutées pour leur
église étaient un saint François et un saint Charles Borromée,
peints sur les fenêtres du chœur. Il en est fait mention par
Bernier, dans son *Histoire de Blois*.

près avoir respiré quelque temps l'air natal, dans la maison paternelle. Revenu encore une fois à Paris, toujours avec l'intention de s'y perfectionner dans la peinture, il ne tarda pas à se convaincre que les moyens lui manquaient, et que l'Italie seule pouvait lui fournir des maîtres ou des modèles. Il partit donc pour l'Italie, et il alla jusqu'à Florence; mais il ne put aller plus loin, sans doute parce que la ressource dont il avait usé jusque-là, celle de vendre de ville en ville de petits tableaux qu'il peignait en détrempe, ne lui servait plus en ce pays-là. Une seconde fois, il se remit en route pour l'Italie; mais cette fois encore, il ne put dépasser Lyon, où sa constance fut mise à une nouvelle épreuve. Une maladie, qui l'empêcha de faire usage de son talent, épuisa bientôt toutes ses ressources. A peine convalescent, mais réduit au dénûment le plus absolu, il trouva pourtant un marchand qui lui avança une petite somme pour retourner à Paris, et qui consentit à être payé en tableaux; à ce prix, il put recouvrer sa liberté et reprendre le chemin de Paris.

On voudrait, pour l'intérêt de l'art et pour l'honneur de l'humanité, connaître tous les détails de cette époque de l'histoire de Poussin, toutes les épreuves par lesquelles dut passer ce génie si pur et ce caractère si noble, tout le temps qu'il eut à lutter contre l'adversité. Malheureusement, comme la société n'a jamais grand souci des nombreuses victimes de ses erreurs, et que Poussin, toujours égal à lui-même, dans la bonne comme dans la mauvaise fortune, ne s'est jamais plaint du malheur de ses premières années, on ignore tout ce qu'il eut à faire de travaux indignes de lui, seulement pour pouvoir subsister à Paris. On sait bien qu'il fut quelque temps employé à peindre des ornements de plafond au palais du Luxembourg, sous un peintre nommé Duchêne, qui avait la direction de ces travaux, et que Poussin, tout obscur qu'il était et chargé d'ouvrages subalternes, excita la jalousie de cet artiste, qui était assez médiocre pour être très en vogue. Mais ce n'est pas là une particularité bien rare dans l'histoire de l'art, ni sans doute un accident unique dans la vie de Poussin. Il avait près de trente ans, et il en avait ainsi perdu onze à se débattre avec toutes les misères de la vie, lorsqu'une circonstance imprévue mit tout à coup son talent en évidence. Les jésuites célébraient, en 1623, la canonisation d'Ignace de Loyola et celle de François Xavier, et ils voulurent, à cette occasion, exposer dans une suite de tableaux les principaux miracles de leurs saints patrons. Un concours, où les plus habiles peintres de Paris furent appelés, s'ouvrit alors, et Poussin y produisit six grandes compositions, exécutées en autant de jours, en détrempe, grâce à la facilité qu'il avait acquise à peindre par ce procédé. Ces tableaux, où l'élégance du dessin se joignait à la noblesse de la pensée et à la grandeur de la conception, malgré les défauts d'une exécution si rapide, excitèrent autant d'admiration que de surprise. Dès ce moment, Poussin eut un nom à Paris ; c'est dire qu'il y eut déjà des envieux, des rivaux, des adversaires, sans y avoir encore des amis.

Je me trompe. Un étranger célèbre, qui se trouvait alors à Paris, le poëte Marini, fut frappé du talent qui brillait dans ces premières compositions de Poussin ; il en rechercha l'auteur ; il lui montra de l'affection ; il l'admit dans son intimité et le logea dans sa maison ; et ce fut là le premier avantage que Poussin dut à la fortune et à lui-même. Le cavalier Marini était un homme d'imagination et de savoir, très-familier avec les anciens, plein de feu et d'esprit dans sa conversation ; il inspira à Poussin le goût de la poésie, il l'initia à l'étude de la mythologie, et lui fit faire, sous ses yeux, les dessins qui devaient accompagner l'édition de son poëme d'*Adonis*, en même temps qu'il lui lisait les poëtes grecs et italiens dans une traduction improvisée. C'est en vivant auprès de Marini, qui mettait heureusement plus de goût dans ses lectures que dans ses poésies, et plus de choix dans ses affections que dans ses sujets, que Poussin refit, à un âge où tout profite, son éducation littéraire, et qu'il conçut pour l'antiquité, vue d'une manière poétique, le penchant qui détermina plus tard une des formes de son talent. Notre artiste, qui n'avait rien dû aux pein-

tres de son pays, reçut donc d'un poëte italien
des idées, des connaissances, des inspirations, qui
valaient mieux que de mauvaises leçons de peinture; et Marini, qui fut trop vanté dans le temps
et qu'on ne lit plus guère aujourd'hui, contribua
plus que personne à former un grand peintre;
c'est peut-être là le seul mérite qui lui restera
dans la postérité, et c'est surtout à la France de
lui en tenir compte.

Cependant Poussin n'avait pas renoncé à son
projet de voyage en Italie, et les entretiens de Marini n'avaient pu que l'affermir dans son dessein.
Lorsque ce poëte, rappelé à Rome par l'exaltation
au pontificat d'Urbain VIII, qui avait été son
ami, proposa à Poussin de l'y accompagner, ce
dut être là pour notre artiste la plus forte des
tentations. Mais Poussin fut toujours l'esclave de
son devoir, pour rester le maître de sa destinée. Il
avait reçu de la corporation des orfévres la com-
mande d'un tableau de la *Mort de la Vierge*; il
laissa partir son protecteur pour remplir son en-
gagement, et il ne se mit seul en route pour Rome
qu'après avoir achevé son tableau. Remarquons
que ce premier ouvrage de Poussin ne lui fut pas
demandé par un prince, mais par une compagnie
d'artisans, et qu'en cela, il sembla que la fortune
voulût inaugurer cette vie d'un artiste, qui sut
de bonne heure se soustraire au commerce des
grands et à l'influence des cours, et qui travailla
toujours pour l'amitié, jamais pour la puissance.

On ignore ce qu'est devenu ce tableau de Poussin, qui fut longtemps placé dans une des chapelles de Notre-Dame ; et, si nous pouvions le rapprocher de son *Déluge* que nous possédons, nous aurions sous les yeux les deux termes extrêmes entre lesquels se trouve comprise la carrière de ce grand peintre.

Poussin avait trente ans, lorsqu'il atteignit enfin au but de ses pensées, lorsqu'il arriva à Rome ; mais il n'était pas parvenu pour cela au terme de toutes ses épreuves. On croit généralement que la fortune cessa de le poursuivre à dater de son séjour à Rome ; c'est une erreur, causée par l'ignorance où l'on est encore sur l'emploi de ses premières années dans cette métropole des arts, où les révolutions du goût n'ont guère fait moins de victimes illustres que celles de la politique, où le génie, adoré un siècle auparavant dans Raphaël, était alors persécuté dans le Dominiquin. D'abord, l'ami, le guide, le protecteur sur lequel Poussin avait compté en arrivant à Rome, lui manqua presque aussitôt. Marini, qui n'avait pas rencontré chez le pape Urbain VIII les sentiments qu'il s'attendait à trouver chez son ami d'enfance Barberini, et qui n'obtint à Rome, en expiation de ses péchés poétiques, que la faculté de faire une pénitence publique, en écrivant à cette intention son poëme du *Massacre des Innocents*, Marini, découragé, vieux et infirme, s'était retiré à Naples où il mourut l'année d'après. Avant de partir, il voulut rendre un dernier service à son ami, en le présentant au cardinal Barberini, neveu du pape, et l'histoire a conservé les expressions dont il se servit pour recommander Poussin à ce prince de l'Église : *Vedrete un giovane che ha una furia di diavolo : vous verrez un jeune homme qui a une ardeur du diable.* Ce mot exprime bien la promptitude, on pourrait presque dire, l'impétuosité d'exécution que Poussin devait aux premiers travaux de sa jeunesse, et qui, après avoir été pour lui une nécessité et une ressource, aux temps de l'adversité, resta, dans des jours meilleurs, une habitude et une propriété de son talent. Le mot de Marini ne peint pas moins heureusement le caractère d'un artiste que nous sommes habitués à regarder à la distance de deux siècles, à travers le calme imposant de ses compositions si graves, si nobles, si régulières, mais qui alors, aux prises avec la fortune, était obligé de déployer tant d'activité, d'énergie et de courage pour se tirer de la foule.

Ces ressources de sa volonté et de son talent, qu'il ne puisait qu'en lui-même, ne lui furent pas moins nécessaires à Rome, qu'elles ne l'avaient été à Paris. A la retraite de Marini, son seul patron, succéda bientôt le départ pour sa légation d'Espagne du cardinal Barberini, son unique protecteur. Ainsi, demeuré seul, sans nom, sans appui, dans cette grande cité, qui devenait pour lui une immense solitude, Poussin eut longtemps à lutter contre des obstacles de tout genre, contre des besoins de toute espèce ; et ici encore, nous regrettons de ne pas connaître toutes les particularités de cette vie si dure et si laborieuse, si remplie de privations et d'études. Le crédit de Barberini ne lui avait servi qu'à lui ouvrir l'entrée de sa maison, qui était un musée. Poussin s'y établit, pour étudier l'antique, qu'il avait deviné avant de le connaître ; et Rome entière, qui était déjà ce qu'elle est encore et ce qu'elle sera toujours, malgré le temps et malgré les hommes, le plus vaste de tous les musées, put à peine suffire à ce besoin de s'instruire, qui était le premier de tous ses besoins.

Le hasard, qui a quelquefois son instinct, et le malheur, qui a quelquefois aussi sa providence, l'avait lié avec un artiste, le sculpteur François Duquesnois, dit *le Flamand*, alors pauvre et obscur comme lui. Ces deux hommes, que l'adversité autant que la sympathie avait rapprochés, mirent en commun leurs études et leurs travaux, leurs privations et leurs espérances ; et dans cette société, où l'art avait autant de part que l'affection, le peintre se fit presque sculpteur, à l'exemple de son ami et à l'école de l'antique. C'est en effet à cette époque que Poussin copiait la *Noce Aldobrandine*, qui lui faisait l'effet d'un bas-relief antique, et qu'il modelait, en bas-relief aussi, un tableau du Titien, qui se trouvait à la *Villa Ludovisi*. C'est alors qu'il exécuta en petit un grand nombre de copies de belles statues anti-

ques, telles que la *Cléopâtre* du Vatican que pos-
sède M. Duchesne; et c'est sans doute ainsi qu'il se
forma ce système de composition qui tient tant de
l'ordonnance du bas-relief, et qui fait que, de tous
les peintres modernes, Poussin est peut-être celui
qui peut le mieux donner l'idée de la peinture antique. On sait, du reste, que durant un séjour de
quarante ans à Rome, Poussin ne passa jamais
un seul jour sans faire quelque étude d'après les
monuments de Rome. L'architecture et la sta-
tuaire, les ruines antiques et les édifices modernes, la ville et le paysage, les lieux et les hommes,
l'art et la nature, tout ce qui, dans cette admira-
ble cité, fait penser et écrire, réfléchir et dessiner,
l'artiste et le philosophe, y fut constamment pour
lui un objet d'étude et de jouissance. Il continua,
jusque dans un âge très-avancé, de se plaire en
s'instruisant à cette grande école; et nous avons
à ce sujet le témoignage d'un contemporain, que
je ne puis me refuser au plaisir de transcrire. «J'ai
« souvent, » dit Vigneul de Marville, qui l'avait
connu dans les derniers temps de sa vie, « j'ai sou-
« vent admiré la passion qu'il avait pour son art,
« quoiqu'il fût bien vieux. Je le voyais fréquem-
« ment au milieu des ruines de l'ancienne Rome,
« dans la campagne ou sur les bords du Tibre,
« esquissant un passage qui lui plaisait; et je l'ai
« rencontré tenant à la main des pierres et des
« fleurs qu'il rapportait chez lui pour les copier
« d'après nature. Je lui demandai un jour com-

« ment il était arrivé à ce degré de perfection qui lui
« assignait un si haut rang parmi les peintres d'Ita-
« lie; il me répondit : *En ne négligeant jamais rien.* »

C'est à ces études, suivies avec cette *furia* dont
parlait Marini, que Poussin employa les premières années de son séjour à Rome ; et c'est à cette
rude école qu'il acheva de former son goût et de
développer son talent, tout courbé qu'il était encore sous le joug de l'adversité. La première lettre
que nous possédons de lui, et qui est adressée en
italien au commandeur del Pozzo, qui l'avait déjà
assisté plus d'une fois dans sa détresse, en lui faisant faire des dessins d'après l'antique, nous le
montre réduit aux plus pénibles extrémités,
abattu par la maladie, et, comme il le dit lui-
même, *n'ayant pour vivre que le travail de ses
mains;* et l'on jugera de ce qu'il gagnait à ce travail, par ce que rapportent ses biographes, qu'il
vendit pour *sept écus* deux tableaux de bataille,
et pour *deux écus* seulement, une figure de pro-
phète, de grandeur naturelle, dont la copie, faite
par un peintre médiocre du pays, fut achetée le
double sous ses yeux. Et qu'on ne croie pas que
cette triste situation d'un grand homme, en proie
à tous les besoins et à tous les dégoûts, et soutenu contre l'injustice du sort par la seule force
de son caractère, ait été de courte durée. Poussin
habitait Rome depuis six ans, et il y avait déjà
produit bien des tableaux, perdus pour sa gloire,
mais non pas pour son instruction, quand il exé-

cuta, en 1630, pour le sculpteur Matteo, son tableau de la *Peste des Philistins*, qui lui fut payé *quarante écus*. C'était pourtant là un de ses chefs-d'œuvre, un tableau que le duc de Richelieu acquérait quelques années plus tard au prix de mille écus, et qui fait aujourd'hui l'un des principaux ornements de notre musée du Louvre, que dis-je! l'une des plus belles propriétés de notre pays. Ainsi donc, Poussin, qui était déjà un grand peintre, n'était encore qu'un artiste pauvre; et ses ouvrages, qui faisaient la fortune des marchands et l'orgueil des princes, ne pouvaient l'arracher à la misère.

Qu'on me pardonne d'avoir insisté sur ces détails, qui montrent sous un jour si respectable le caractère de ce grand homme, toujours si fidèle à sa vocation et si digne de lui-même, toujours si supérieur à sa destinée et à son siècle; et qu'on me permette d'y voir moins encore un sujet d'éloge pour lui, qu'un motif d'émulation pour les autres. Quoi de plus puissant, en effet, pour affermir les vocations vraies dans les rudes épreuves qui les attendent, que l'exemple de Poussin, arrivé si péniblement à la gloire, et à une gloire qui fait l'éternel honneur de son pays, par l'étude et par le travail, sans autre appui que lui-même, sans autre protection que son génie, et continuant, au sein de la célébrité, cette vie laborieuse et modeste, invariable condition de sa dignité d'homme et de sa liberté d'artiste? Je continue à tirer de cette histoire si instructive et si belle quelques leçons utiles; car il est bien juste que le malheur de Poussin profite, autant que son génie, à son art et à son pays; et si son exemple peut servir à sauver du découragement d'habiles artistes inconnus, et à mettre en garde contre leur inexpérience les hommes appelés à décider du sort des talents, c'est encore un service que ce grand homme, vainqueur de l'adversité par le travail, et si bien vengé par la postérité de l'injustice de son siècle, aura rendu à l'art et à la France. C'est par ce motif que je demande à l'Académie la permission de l'entretenir encore de deux circonstances de la vie de Poussin.

A cette époque de sa jeunesse, où nous venons de le voir à Rome, soutenu par le seul amour de son art au milieu de toutes les privations de la vie, un grand peintre expiait, à Rome aussi, dans les douleurs de la maladie et dans les terreurs de la persécution, le tort d'une légitime renommée : c'était le Dominiquin. Le Guide se trouvait alors dans toute la vogue de son talent; ses élèves étaient nombreux, ses protecteurs puissants; et, comme il faut toujours au public une victime, en même temps qu'une idole, pendant que le Guide était porté en triomphe, le Dominiquin était réduit à cacher sa gloire, pour sauver sa vie. Tout ce qu'il y avait de peintres à Rome affluait dans la chapelle de Saint-André de l'église de Saint-Grégoire, pour y étudier d'après la fresque du

Guide, représentant le *Martyre du saint*, et personne ne jetait les yeux sur la fresque qui sert de pendant à celle-là, dans la même chapelle, et qui a pour sujet la *Flagellation de saint André*, un des chefs-d'œuvre du Dominiquin. Poussin, inconnu à Rome et étranger aux querelles qui s'y agitaient, vintà son tour dans cette chapelle; mais au lieu de suivre la foule, il s'arrêta, seul d'abord, devant cette fresque du Dominiquin; il en admira la noblesse de la composition, la pureté du dessin, la vérité et la vigueur de l'expression, et il se mit à exalter, avec l'accent d'une conviction entraînante, cette peinture, objet d'un dédain universel. Bientôt les artistes romains furent ramenés par son exemple et retenus par son enthousiasme devant cet ouvrage qu'ils avaient méprisé jusqu'alors, et le bruit en vint jusqu'au Dominiquin, qui était si bien oublié ou si bien caché à Rome, que Poussin lui-même le croyait mort. Le grand peintre se fit porter à Saint-Grégoire, malade qu'il était, pour entendre ce jeune Français, cet artiste étranger, qui avait le courage de proclamer tout haut la supériorité de son ouvrage, en face de celui du Guide, et en présence de ses fanatiques adorateurs. Il eut la satisfaction de recueillir de la bouche même du jeune artiste, qui l'admirait, sans le connaître, des paroles qui étaient à la fois pour lui une vengeance bien innocente et une réparation bien légitime; et, lorsqu'il ne put plus maîtriser son émotion, il se nomma, en se jetant dans les bras de Poussin. Quel tableau que celui de ces deux grands artistes, l'un obscur et pauvre, l'autre méconnu et persécuté, se relevant ainsi à leurs propres yeux par l'estime l'un de l'autre, et reprenant dans la conscience de leur mérite la force de braver les vains jugements des hommes! Quel tableau, je le répète, et quel exemple pour les artistes, et quelle leçon pour le monde!

Son voyage en France est la seconde circonstance de la vie de Poussin que je veux encore rappeler à l'attention de l'Académie, parce qu'il s'y trouve quelque chose d'utile à en retirer pour nous-mêmes. La France s'était enfin souvenue de Poussin, quand il était devenu célèbre, et cet homme, qu'on eût laissé mourir de faim à Paris, on ne voulait plus le laisser vivre à Rome; car c'est ainsi qu'est fait le monde, toujours se passionnant pour la gloire qui lui arrive toute faite, et n'admirant qu'après le succès, et toujours adorant la fortune jusque dans le mérite. Le cardinal de Richelieu, qui avait tous les genres d'ambition, voulait procurer à son pays la gloire des arts, la seule qui lui manquait encore. Il fit adresser à Poussin, d'abord par son ami M. de Chantelou, puis par le ministre de Noyers, de ces sollicitations qui pouvaient passer pour des ordres, surtout accompagnées comme elles l'étaient d'un brevet de peintre ordinaire du roi, signé de Louis XIII et conçu dans les termes les plus flatteurs. Poussin, avec sa fermeté et sa modestie ordinaires, résista durant plus de deux années à une volonté qui faisait tout fléchir en France. Il tenait à cette existence laborieuse et paisible qu'il s'était procurée à Rome par son travail; il aimait à vivre libre, dans sa petite maison du Pincio, au sein d'une famille française, où il avait trouvé une compagne et des élèves; il se défendit longtemps avec ce mot italien : *Chi sta bene, non si muove,* contre l'impatience de Richelieu; et M. de Chantelou s'étant rendu à Rome pour l'en arracher, il ne céda qu'entraîné par l'amitié, plus encore que soumis par le devoir ou vaincu par l'autorité.

Nous possédons, dans le recueil des lettres de Poussin, le récit fidèle et naïf des circonstances de son séjour à Paris, et c'est là que nous pouvons à la fois apprécier ce grand homme et juger ceux qui l'employaient. La faveur avec laquelle il avait été reçu, d'abord à Ruel par le cardinal de Richelieu, puis à Saint-Germain par Louis XIII, entouré de toute sa cour, devait naturellement exciter l'envie. Un mot imprudent, échappé à Louis XIII : *Voilà Vouet bien attrapé,* devenait naturellement aussi le mot de ralliement de tout ce qu'il y avait de talents médiocres en crédit à la cour; jusque-là, tout se passait suivant le cours ordinaire des événements. Le grand tableau de l'*Institution de la cène* peint pour la chapelle de Saint-Germain et exécuté en moins de trois mois, avait obtenu un succès qui réduisait au silence les détracteurs de Poussin; et le tableau du *Mira-cle de saint François-Xavier*, qui succéda peu de mois après à celui-là, avait porté au comble la vogue du peintre et l'animosité de ses rivaux; là encore, il n'y avait rien que de très-commun et de très-naturel. Poussin avait dû s'attendre à cela, et il avait en lui-même de quoi irriter et aussi de quoi confondre tous ses ennemis, par le nombre et le mérite de ses ouvrages.

Mais les dégoûts, qui devaient bientôt priver la France de ses talents, vinrent de ceux-là même qui étaient chargés d'en diriger l'emploi, et qui ne savaient pas en faire usage. On l'excédait de travaux futiles et d'exigences absurdes. En même temps qu'on lui demandait un tableau pour Fontainebleau, un autre tableau pour l'église de Saint-Louis, et une *Vierge* pour M. de Noyers, on lui faisait faire des dessins d'une suite des *Travaux d'Hercule* en stuc pour la galerie du Louvre, des cartons d'après des sujets de l'Ancien Testament, qui devaient être exécutés en tapisserie, et on ne lui laissait pas le temps de terminer des ouvrages dont on ne lui avait pas laissé le choix. Il faut l'entendre se plaindre lui-même, dans les lettres qu'il écrivait à son ami de Rome, le commandeur del Pozzo (1) : « Je

---

(1) Lettre du 20 septembre 1641, extraite du recueil de Bottari, où elle se lit en italien, et traduite en français dans la *Collection des lettres de Poussin* (Paris, 1824, in-8°), p. 63, 64.

« travaille sans relâche, tantôt à une chose, tantôt
« à une autre. Je supporterais volontiers ces fati-
« gues, si ce n'est qu'il faut que des ouvrages, qui
« demanderaient beaucoup de temps, soient expé-
« diés tout d'un trait. Je vous jure que si je
« demeurais longtemps dans ce pays, il faudrait
« que je devinsse un véritable *strappazzone* (bar-
« bouilleur), comme ceux qui y sont. » Et dans la
même lettre, parlant de son tableau de *saint
François-Xavier,* qui est un grand ouvrage, où il
y a quatorze figures plus grandes que nature, il
ajoute : « C'est celui qu'on veut que je finisse en
« deux mois. » Mais tout cela n'est rien encore auprès de ce que nous lisons dans une autre lettre
au même commandeur del Pozzo (1) : « La facilité
« que ces messieurs ont trouvée en moi, est cause
« que je ne puis me procurer le temps, ni de me
« satisfaire moi-même, ni de servir personne, étant
« employé continuellement à des bagatelles, comme
« dessins, frontispices de livres, ou projets d'or-
« nements pour des cabinets, des cheminées, des
« couvertures de livres et autres niaiseries. Il
« semble en vérité qu'ils ne sachent à quoi m'em-
« ployer, et qu'ils m'aient fait venir, sans avoir

---

(1) Lettre du 4 avril 1642, même collection, p. 80. Voici
le texte italien de la lettre de Poussin, qui répond à la dernière phrase de cette citation : « *Di maniera che pare non sap-
piano in cosa impiegarmi, avendomi fatto venire senza disegno.* »
Bottari, *Letter. Pittor.,* etc., t. I, p. 395.

« rien d'arrêté sur mon compte. » Voilà donc pourquoi on avait appelé Poussin à Paris, pourquoi
on lui avait fait quitter sa laborieuse retraite de
Rome, où il avait déjà produit la première suite
des *Sept sacrements* et vingt autres chefs-d'œuvre! Et tandis qu'on prodiguait, à ce qu'il appelait des niaiseries, son temps et son génie, on le
laissait livré sans défense à la merci de toutes les
médiocrités de l'école et de toutes les cabales de
la cour! Il sentit bientôt que cette situation n'était pas faite pour lui; il saisit, pour retourner à
Rome, le prétexte d'y aller chercher sa femme;
et une fois revenu à Rome, il n'en sortit plus. Il
avait laissé pour adieu à la France son tableau du
*Temps qui délivre la Vérité du joug de la Haine
et de l'Envie, et qui la rend à l'Éternité;* c'était
la seule vengeance qui fût à son usage; mais ce
n'est pas la seule leçon qui ait été donnée par
son art et perdue pour son pays.

L'expérience que Poussin avait faite de la cour
de France, lui profita pour tout le reste de sa
vie. Redevenu maître de lui-même par sa propre
volonté, et rendu tout à fait libre par la mort de
Richelieu, sitôt suivie de celle de Louis XIII, il
ne voulut conserver avec la France d'autres liens
que ceux de l'amitié, ni travailler, même en
France, que pour des personnes de sa condition,
telles que Stella, peintre comme lui, l'architecte
le Nôtre, l'*honnête* M. Cerisiers, le *bon* M. Pointel (c'est ainsi qu'il les désigne dans ses lettres), le

digne et noble M. de Chantelou, tous gens qui l'avaient connu et aidé dans la disgrâce, et qu'il admit au partage de sa renommée, par l'emploi qu'il fit pour eux de ses talents. On éprouve une douce satisfaction à voir Poussin replacé dans sa petite maison de la Trinité-du-Mont, pour ainsi dire, comme une statue grecque dans un musée; et, en le contemplant dans cette dernière période de sa vie, il semble qu'on ait véritablement devant les yeux quelqu'une de ces figures antiques que nous connaissons par les *Vies* de Plutarque. Désormais assuré contre le besoin, aussi bien que contre l'envie, il se livre tout entier à son art, avec toute la liberté qu'il puise à la fois dans l'indépendance de son esprit et dans la médiocrité de sa fortune. Il s'y perfectionne, à mesure qu'il avance dans sa carrière; il redouble de soin dans tout ce qu'il exécute, en même temps qu'il ajoute à sa réputation; il étudie toujours, comme s'il avait tout à apprendre; et son dernier ouvrage, le tableau qu'il termine d'une main défaillante, à soixante et onze ans, son *Déluge,* est regardé comme son chef-d'œuvre. L'homme se soutient constamment à la même hauteur que l'artiste. Il ne se laisse pas plus séduire par la fortune qu'il ne s'était laissé abattre par l'adversité. Sa fermeté, sa raison, sa modestie, brillent dans tout le cours de sa conduite, comme dans la composition de ses ouvrages; et, proclamé le peintre des philosophes, c'est peut-être le seul homme qui ait mis autant de philosophie dans sa vie que dans sa peinture. Si on lui demande quel fruit il a retiré de ses longues épreuves, il répond : *C'est de savoir bien vivre avec tout le monde.* Quand le cardinal Massimi, qui était venu un soir lui faire une visite, et qu'il reconduisait sa lampe à la main, lui disait, en le quittant : Que je vous plains de n'avoir pas un seul domestique; *et moi, Monseigneur,* lui répond-il, *que je vous plains d'en avoir tant!* Tout ce que ses biographes nous rapportent de lui est marqué au même coin d'esprit et de raison, de dignité et de modestie. Mais ce qui le caractérise surtout, c'est cette simplicité d'habitudes, c'est cette modération de désirs, qu'il conserva dans toute la jouissance de ses facultés et dans tout l'éclat de sa renommée. Comme il ne peignait guère que pour des amis, ce qui était en quelque sorte ne travailler que pour lui-même, il mettait toujours un prix modeste à ses ouvrages, et, si on lui donnait quelque chose de plus, il le rendait. C'était la peinture qu'il aimait surtout dans la peinture, et non le profit, ni la gloire même, qu'elle lui rapportait; c'était l'art qu'il honorait, en le pratiquant, bien loin de songer à l'exploiter; et son désintéressement était si sincère, si naturel, qu'on se ferait scrupule de vanter en lui une qualité dont il n'aurait pas souffert lui-même qu'on lui fît un mérite. Tel était donc, à cet égard, comme dans tout le reste, cet homme à la fois si simple et si grand, qu'on

ne sait comment le louer, sans courir le risque
que ce ne soit contre son propre sentiment, ou
bien aux dépens de quelqu'un, et qu'il n'est pas
un trait de son caractère, dont on n'ait également
à craindre de faire un éloge pour lui, ou une sa-
tire pour d'autres.

Qu'on me permette une dernière réflexion,
moins encore à la louange de Poussin, qu'à l'honneur de la France. C'est la France entière qui a
vengé ce grand homme de l'ignorance de quelques courtisans et de l'envie de quelques artistes;
car, c'est dans le sein même de la nation que le
génie de Poussin a porté tous ses fruits. L'Italie
a beau se vanter du long séjour de Poussin à
Rome et des nombreux ouvrages qu'il y produisit; elle a beau revendiquer son nom pour l'école
romaine. Rome n'a presque rien su garder de ses
chefs-d'œuvre; elle ne lui a fourni aucun élève;
elle ne lui a donné presque aucun graveur; et sa
cendre même, dont il la rendit dépositaire, elle
ne sait plus ce qu'elle en a fait. C'est la France,
à laquelle il appartint par sa naissance, par ses
affections et par la destination qu'il fit de ses travaux, qui a achevé de le reconquérir sur l'Italie,
par tout ce qu'elle a produit de talents formés
par ses leçons et inspirés par ses ouvrages. Stella,
Mignard, le Brun, le Sueur surtout, avaient reçu
ses conseils; et le Sueur lui dut plus encore que
des conseils; Guaspre Poussin, Claude Lorrain,
ont été ses disciples; et ce sont eux qui, avec

Poussin à leur tête, ont formé l'école française.
A Rome même, la *Villa Medicis*, où Poussin, entouré d'artistes et d'antiquaires, venait chaque
soir se délasser des travaux de la journée et se
préparer à ceux du lendemain, dans la contem-
plation des beautés de Rome et des merveilles de
l'art; où il expliquait à de nombreux auditeurs,
attirés par le charme de sa parole, le secret d'étudier l'antique et d'imiter la nature, la *Villa Medicis* était déjà, grâce à lui, le berceau de cette
école, dont elle est devenue le siége, grâce à la
munificence d'un roi de France, comme Louis XIV,
secondée par la haute intelligence d'un ministre
français, comme Colbert. Ce sont aussi des gra-
veurs français, les Dughet, les Poilly, les Mellan,
les Stella, les Pesne, les Drevet, les Edelinck, les
Audran, les Desnoyers, qui ont répandu dans le
monde entier l'âme et le génie de Poussin, et assuré à sa patrie la propriété de ses ouvrages contre
l'or de l'Angleterre, qui suffit bien pour acheter
des tableaux, mais non pas pour créer des talents. C'est enfin par des mains françaises que
Poussin, oublié durant près de deux siècles à
Rome, où il avait vécu et où il avait voulu mourir, a reçu les légitimes honneurs dus à son génie
et à sa mémoire. En 1782, un Français qui,
comme Poussin, passa la plus grande partie de
sa vie à Rome, constamment occupé de l'histoire
de l'art et de l'antiquité, M. d'Agincourt, fit pla-
cer, à ses frais, au Panthéon, le buste de Poussin,

à côté de celui de Raphaël; et en 1829, M. de
Chateaubriand, si digne de représenter la France
à Rome, fit ériger, dans l'église de *San Lorenzo
in Lucina*, où Poussin avait été inhumé, mais
dans la fosse commune, sans monument particulier, un cénotaphe, où tout, l'architecture,
l'inscription, le buste et le bas-relief, est l'œuvre
de talents et de cœurs français. C'est maintenant
à la France à acquitter une dette d'honneur et de
reconnaissance envers un grand artiste et un
grand homme, qui attend encore un monument
dans sa patrie, en retour de l'éclat qu'il a jeté
sur elle; et, sans doute que le soin des intérêts
matériels n'a pas absorbé tout ce qu'il y a dans
notre pays d'enthousiasme pour les nobles idées,
au point que le nom de Poussin n'y excite pas
toutes les sympathies nationales; et sans doute
que, parmi tant de millions qu'on remue pour
des chemins de fer, il ne manquera pas un peu
de bronze et un peu de marbre pour l'homme
qui représente à lui tout seul une des plus belles
parts du génie et du caractère français.

FIN.

Le 19e Febvrier. 1664. a Rome

Monsieur

Jai tardé jusques a présent a respondre a la lestre
du dernier Janvier a cause dun grand catarre qui m'est
tombé sur la poitrine qui m'incommode fort. Je vous
suis obligé de vouloir faire des deux li[v]res que
me venez par toux plus long temps des bouttés.
et me desplaist beaucoup que Je ne puis satisfaire
vostre curiosité parceque autre que Je ne pouvois
l'incommodité de se faire pourtraire c'est que nou
n'avons icy autre leur Italien ni d'estranger de pofé
qui ait la pratique de faire ressembler en peinture
Je vous conseille plustost de faire copier l'un de
ceux qui sont a Paris qui ne me ressemblés par
ont soun de ma main propre Lare que Je men sai
un ceux passablement bien, Lun est chez Mr de Chanti
Maistre bistol ordinaire du Roy a La Rue St Thomas
du Louvre. Lautre chez Mr Serisier tout ver
a Cris La porte St Merderie Rue St Martin te
Les deux sont honnestes facilles et courtois
qui ne vous refuydroint pas cela. il sont u
a Paris plusieurs Jeunes hommes qui copi
asses bien, vocila tout ce que Je vous pouvois dire
sur ce suiect ce me desplaist de vous estre gratil
sin plain de bonne volonté, de vous subjugue a m

Monsieur

Vostre treshumble et affectionné servi[teur]
Le Poussin

Nicaise

LETTRE INÉDITE

DE

NICOLAS POUSSIN

AU P. NICAISE,

RELIGIEUX DE DIJON,

Dont l'original existe au département des manuscrits de la
Bibliothèque du Roi.

Le 10e février. 1664. à Rome.

MONSIEUR

Jai tardé jusques a present a repondre a la vostre du dernier janvier a cause d'un grand catarre quî m'est tombe sur la poetrine quî m'incommode fort. Je me suis efforsé de vous faîre ses deux lignes pour ne vous pas tenîr plus longtemps en doubte. il me deplaîst beaucoup que je ne peux satîsfaîre vostre curiosité parceque outre que je ne peux soufrir l'incommodité de se faîre portraîre c'est que nous n'avons ici entre les italiens ni Etrangers personne quî ait la pratique de

3

faîre resembler èn peînture et je souscris plustost
de faîre coppîer l'un de ceux quî sont a Paris
quî ne me resemble pas mal et sont de ma
main propre lorsque je m'en servois encore passablement. L'un est ches M.ʳ de Chantelou maîstre
d'ostel ordînaîre du Roy a la Rue St Thomas du
Louvre. L'autre ches M.ʳ Serisîer tout vis a vis la
porte St Mederic Rue St Martin. tous les deux
sont hommes facilles et courtois qui ne vous re-
fuseront pas cela. il se trouvera a Paris plusieurs
jeunes hommes quî copîent asses bien. Voîla
tout ce que je vous peux dîre sur ce sujet et me
deplaîst de vous estre inutîle et plain de bonne
volonté, et seraî jusqû a ma fin

    monsieur

        Vostre très humble et affectionné serviteur

               LE POUSSIN.

M.ʳ Nicaise.